AF258001

JULES GONDON

L'EMPIRE DU JAPON

OUVERT

AU CHRISTIANISME

ET

A LA CIVILISATION EUROPÉENNE

PARIS

BERCHE ET TRALIN, LIBRAIRES-EDITEURS

82, RUE BONAPARTE, 82

1873

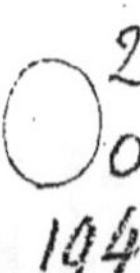

L'EMPIRE DU JAPON

Ces pages sont destinées à répondre à la curiosité qu'a fait naître l'arrivée en France d'une ambassade japonaise. C'est après avoir visité les États-Unis d'Amérique et l'Angleterre, que ces messagers de l'extrême Orient sont venus au milieu de nous. Comme à New-York et à Londres, leur présence à Paris a produit une très-grande sensation, parce qu'on a apprécié de suite toute la portée de cet événement, qui est considérable par ses conséquences.

Ces ambassadeurs ont témoigné du désir d'entrer en relations plus étroites d'amitié avec les nations européennes dont ils s'étaient systématiquement tenus à l'écart. Ils sont venus pour porter l'assurance que leur Empereur voulait abaisser les barrières derrière lesquelles les Japonais s'isolaient depuis des siècles, et cela pour laisser pénétrer chez eux nos idées, nos principes, nos mœurs, notre civilisation.

Ces ouvertures ont été accueillies avec une cordiale sympathie par les gouvernements, et les peuples se sont inclinés avec respect en voyant passer ces messagers de la bonne nouvelle. La France s'est émue surtout à la pensée que la liberté religieuse devait être nécessairement la base de toutes les réformes réalisées par le gouvernement japonais. C'est en nous plaçant à ce point de vue que nous voudrions dissiper quelques idées fausses qui ont été accréditées sur ce qui se passe au Japon. On oublie que, depuis quinze ans, la France y a assuré la sécurité de nos nationaux, la liberté de nos missionnaires et préparé l'émancipation religieuse des indigènes. Ces appréciations sont justifiées par les faits que nous allons exposer.

Les conséquences que nous tirons de la situation présente et les espérances que cette situation autorise à concevoir seront, sans nul doute, accueillies par les représentants du

Japon comme un témoignage de confiance, un hommage
rendu aux loyales intentions de leur Empereur. Nous
sommes heureux de pouvoir leur donner l'assurance que nos
sentiments ne sont pas ceux d'un écrivain isolé, mais qu'ils
sont partagés par les hommes les plus éclairés, les plus com-
pétents, et qu'il nous suffira de les exposer au public pour
qu'ils deviennent ceux de la France entière.

I

Quelle est la situation de nos nationaux et de nos mission
naires ?

Les lettres écrites par les personnes les plus autorisées
expriment toutes la plus parfaite sécurité. Le commerce,
n'en doutons pas, saura tirer avantage des nouveaux dé-
bouchés qui s'ouvrent à lui ; mais la question qui par-
dessus toutes intéresse la France est celle de la liberté religieuse. Or, les lettres dont nous allons donner des extraits
parlent avec une entière satisfaction de la situation des
missionnaires et des religieuses établis dans le pays. Le gouvernement japonais est non-seulement observateur fidèle du
traité signé avec la France, mais il se montre plein d'égards,
de courtoisie et de bon vouloir envers nos compatriotes.
Ces dispositions, dont nous allons donner des preuves, per-
mettent d'espérer beaucoup. On pense même que, sans
attendre la signature d'un nouveau traité accordant des
libertés plus larges que celles dont nous jouissons aujour-
d'hui, le gouvernement japonais tiendra à honneur de
prendre lui-même, et *proprio motu*, l'initiative des libertés
qui pourraient lui être demandées par les gouvernements
européens. Cette initiative aurait pour le Japon l'immense
avantage de le placer à la tête des nations orientales, si dif-
ficiles à ébranler dans leur immobilité. C'est en vue des
grands projets de réforme dont l'émancipation religieuse la
plus complète découlera nécessairement, que le gouvernement japonais a envoyé l'ambassade qui visite l'Europe, et
dont la mission est d'étudier nos institutions et nos mœurs.

Il est certain que les impressions des membres qui composent l'ambassade et les rapports qu'ils feront parvenir à leur gouvernement auront une influence considérable sur les déterminations qui seront prises quand il faudra régler les relations avec les puissances européennes et leurs nationaux. On ne saurait donc être trop prudent en abordant la question toute nouvelle qui surgit d'une façon si soudaine et si merveilleuse. Déjà les sociétés de propagande protestante anglaises et américaines comptent pouvoir aller bientôt explorer ces contrées lointaines. En vue de se préparer les voies, elles ont témoigné de leurs vives sympathies aux envoyés du Japon, en exprimant le vœu de voir bientôt leur empire doté du bienfait de la liberté de conscience.

La première des communions chrétiennes qui a porté au Japon le flambeau de la foi ne restera pas en arrière. Ses missionnaires, ses Sœurs, que les Japonais semblent avoir accueillis chez eux à titre d'essai et pour connaître leurs doctrines par leurs œuvres, sont hautement appréciés dans le pays. Des religieuses françaises sont à la veille de voir confier à leur charité et à leur tendre sollicitude un grand orphelinat à Yeddo. Déjà elles ont obtenu à titre gratuit, du gouvernement japonais, une concession de terrain. Laissons la parole à un digne missionnaire qui écrit de Yokohama, en date du 28 novembre 1872 :

« En l'absence de Monseigneur, je prends la liberté de vous écrire... Aux épreuves semblent succéder les bénédictions. L'affaire du terrain est conclue ; et le gouvernement japonais a annoncé officiellement au consul cette concession pour laquelle vous et nous faisions les vœux les plus ardents. Je vous en félicite. Hier, j'ai visité les lieux pour la première fois, et, je dois l'avouer, tous les avantages et toutes les convenances y sont réunis : vue, solitude, position, rien n'y manque ; et l'état du terrain exigera peu de frais pour le disposer à recevoir les constructions. Il importe qu'on les commence au plus tôt ; le consul de France, qui a été si bon dans cette affaire, et nous tous, sommes de cet avis. L'hiver est la meilleure saison. Il convient, d'ailleurs, de prouver aux Japonais que l'on a vraiment à cœur l'œuvre pour laquelle on a demandé, et ils ont donné leur concours.

« Cette concession témoigne, à mon sens, hautement des dispositions favorables du gouvernement japonais. Il est juste de constater, à sa louange, qu'il semble en ce moment vouloir opposer quelque frein à l'immoralité. A Yeddo, les maisons publiques se sont vidées, et beaucoup de malheureuses filles, qu'un père inique ou en détresse avait vendues pour le crime, ont retrouvé la liberté. Mais la mesure, si elle est capable de diminuer le nombre des victimes, est loin de suffire à le restreindre autant qu'il serait désirable. La proposition d'un grand orphelinat à Yeddo a donc des chances d'être bien accueillie en ce moment. Tout semble préparer un avenir magnifique à vos œuvres de charité... »

Voilà en quels termes élogieux et pleins de confiance un missionnaire français nous parle du gouvernement japonais. Cette lettre est complétée par une autre, écrite par une religieuse, qui ne s'exprime pas en termes moins consolants ; elle est datée du 27 novembre 1872 :

« Je suis heureuse de pouvoir calmer vos inquiétudes. Mon séjour à Yokohama m'a parfaitement rassurée sur la position de nos Sœurs et sur l'avenir de leur maison dans cette ville et même à Yeddo, où nous sommes vivement désirées.

« Les Européens sont nombreux dans ces deux villes ; ils y sont protégés par le gouvernement japonais. Il n'y a rien à craindre. Du reste, Mgr Petitjean, qui a une parfaite connaissance du pays et qui est la prudence même, ne nous aurait point appelées s'il y eût eu le moindre danger. Ce qui a engagé Sa Grandeur à nous presser de venir, c'est que les enfants des Européens restaient sans éducation ou en recevaient une fort mauvaise. En outre, un grand nombre de familles japonaises, désirant faire apprendre les langues européennes à leurs jeunes filles, se trouvaient dans la nécessité de faire venir des institutrices d'Amérique, ce qui n'avait pas toujours le résultat le plus convenable. Personne ne doute que nos Sœurs ne soient appelées à recevoir de jeunes Japonaises des meilleures familles, en attendant d'ouvrir un orphelinat gratuit pour les classes pauvres.

« Les Japonais sont fort affables et nous voient d'un très-bon œil, ce qui me fait espérer qu'ils nous admettront sans difficulté auprès de leurs enfants malades, auxquels nous serions si heureuses de prodiguer nos soins.

« Enfin, si la liberté qu'on attend tout prochainement est une fois accordée, les œuvres se multiplieront, et les Japonais pourront mieux apprécier les fruits de la charité catholique... »

Les sentiments dont le gouvernement et les habitants du Japon se montrent animés méritent qu'il leur soit rendu pleine justice. Nous allons citer une autre lettre d'un missionnaire fort connu, qui écrit à la supérieure des Sœurs dont il a la direction spirituelle. Sa lettre est du 10 novembre :

« Quand nous nous voyions à Paris, nous étions loin de nous douter que je serais un jour l'aumônier de vos filles au Japon. C'est cependant ce qui est advenu, et je gravis tous les jours, à soixante ans, la colline d'Yokohama pour aller dire la sainte messe dans le couvent provisoire de vos Sœurs. Après les dévotions et les exercices de chaque jour, je leur fais une petite classe de japonais. Le bon Dieu a sans doute de grands desseins de miséricorde sur l'œuvre naissante, et il la destine à faire beaucoup de bien, puisqu'il l'a marquée du sceau de la croix. La plus jeune de nos Sœurs a été emportée avec une rapidité qui nous a tous surpris...

« On est persuadé qu'il y a pour votre Congrégation un grand avenir au Japon. Les habitants de ce pays se lancent avec une sorte de frénésie dans l'imitation de tout ce qui est européen. Il est certain qu'ils seront bien aises de procurer à leurs filles une éducation européenne. Le Gouvernement vient de témoigner sa sympathie en donnant gratis un terrain. Il faut espérer qu'on pourra avant longtemps fonder un établissement à Yeddo (aujourd'hui Tokio), où se trouvent les grandes familles... »

La lettre qui précède parle de la mort d'une religieuse. Laissons à une de ses dignes compagnes le soin de nous ra-

conter les touchants témoignages de respect et de sympathie
qui ont été donnés dans cette circonstance :

« L'absence de Monseigneur de Yokohama nous a été pénible ; mais tous ces messieurs ont été si empressés, si déli-
cats dans leurs offres de services, que nous n'avons eu rien
à regretter, et nous serons dans l'impuissance de leur en
exprimer toute notre reconnaissance. Ils se sont chargés de
toutes les démarches à faire et ne nous ont laissé aucun
souci. Une messe solennelle a été chantée, le corps présent.
Sept missionnaires y assistaient, ainsi que le consul de
France, le chef de l'escadre et plusieurs autorités. On y re-
marquait aussi le consul américain et un grand nombre de
familles européennes protestantes appartenant à la plus
haute société. Pour plusieurs, une grand'messe était un spectacle nouveau qui les a profondément touchés et édifiés. »

Des raisons de convenance que chacun appréciera nous
font taire les noms des signataires de ces lettres. Nous avons
cru cependant devoir nous entourer de quelques précautions
en livrant ces extraits au public (1). Nous savons par expérience que l'impartialité la plus scrupuleuse n'est pas à l'abri
de la malveillance. Des esprits jaloux et ombrageux, qui
exercent la spécialité de dénigrer et de souiller tout ce qui
passe sous leur plume, ont la prétention de monopoliser la
vérité. On ne peut s'exposer à la faire connaître qu'autant
qu'on la tient de leurs mains ; on ne peut juger sainement
un fait qu'en adoptant les appréciations de leur cerveau ma-
lade. En dehors d'eux, tout est cahos et mensonges. Les intérêts même de l'Église ne peuvent être servis et défendus
que conformément à leur programme ; sinon, ces intérêts
doivent être sacrifiés à leurs rancunes, écrasés sous le poids
de leur haine.

Voilà des chrétiens d'un nouveau genre qui remplissent
dans la société religieuse le même rôle que les communards
dans la société civile. ¶Ces derniers cherchent à détruire les

1. Les textes originaux des lettres que nous citons ont été mises sous
les yeux du directeur et des rédacteurs du journal *le Monde*, qui, après
un examen minutieux, ont reconnu publiquement l'exactitude de nos ci-
tations et déclaré en prendre toute la responsabilité.

institutions, les monuments du passé, comme les premiers méconnaissent et renversent les principes fondamentaux du christianisme en substituant l'égoïsme et la haine à l'abnégation et à la charité.

Peut être parviendrons-nous cependant à protéger nos renseignements contre leurs souillures, en les plaçant sous l'autorité d'un évêque, en les mettant à l'abri du nom vénéré du vicaire apostolique du Japon. Nous citons :

« VICARIAT APOSTOLIQUE DU JAPON.

Yokohama, juillet 1872.

à N. ***

« J'ai à vous offrir l'expression de ma profonde reconnaissance pour l'autorisation que vous avez bien voulu donner à la R. *** de venir fonder une maison de votre ordre dans notre ville de Yokohama.

« Catholiques et protestants ont vu arriver avec grand bonheur les premières religieuses à qui il est donné de fouler le sol du Japon, et tous se promettent de leur confier leurs jeunes enfants. Ces dames auront de suite à exercer leur zèle auprès des jeunes personnes européennes et dans un avenir prochain, nous l'espérons, auprès de nos populations japonaises, lorsque la liberté ou tout au moins la tolérance religieuse nous sera accordée.

« Aidez-nous de vos saintes prières, pour obtenir de Dieu ces jours bénis après lesquels nous soupirons depuis si longtemps et que nos pauvres chrétiens (indigènes) méritent tous les jours dans les prisons par la confession de leur foi et des souffrances de toutes sortes.

« Notre pieuse colonie de ..... a commencé hier ses travaux auprès des jeunes enfants. Peu nombreuses sont nos élèves tout d'abord, un peu à cause des grandes chaleurs (nous sommes en plein été) et aussi à cause des diverses écoles déjà existantes. Mais tout nous fait espérer que la communauté de Yokohama est appelée à beaucoup travailler. Avant peu, je l'espère, nous serons obligés de demander du renfort à votre charité.

« Je termine ces lignes dictées par la reconnaissance en

sollicitant le secours de vos saintes oraisons ainsi que des prières et mérites de votre Communauté pour notre Japon et son indigne vicaire apostolique qui a l'honneur de se dire,

Votre bien respectueusement dévoué serviteur en N.-S.J.-C.

« B. Petitjean, évêq. de Myriophyte,

V. ap. du Japon. »

Très-bien ! nous dira-t-on peut-être, nous voilà fixés sur la situation et les espérances des missions catholiques ; mais quel est le sort des indigènes qui ont conservé ou récemment embrassé notre foi ?

II

La question concernant les chrétiens qui, étant originaires du Japon, sont soumis aux lois du pays, est tout autre que celle relative aux Européens. Sur ce point les gouvernements étrangers ne peuvent exercer qu'une action morale, et cependant, hâtons-nous de le dire, les autorités japonaises sont loin de s'y montrer rebelles. Le sentiment que nous exprimons ici nous est confirmé par l'attente où sont les missionnaires de voir abroger, d'un instant à l'autre, les lois qui protègent la religion du pays et interdisent tout autre culte aux Japonais. Ainsi, une lettre écrite par un missionnaire nous dit :

« Les changements au Japon sont si soudains et si inat-
« tendus que, *du jour au lendemain*, il ne serait pas éton-
« nant de voir abroger tous les édits de proscription appli-
« cables aux indigènes. »

Toutes les circonstances autorisent à penser que ce jour heureux ne se fera pas attendre. Si l'empereur du Japon entre dans cette voie, il gagnera, en Europe comme en Amérique, une immense popularité, et dans son empire même, il fera la plus glorieuse des conquêtes en s'attachant le cœur de ses sujets par l'amour et la reconnaissance.

On s'accorde à reconnaître que l'émancipation religieuse des Japonais serait déjà proclamée, si l'Empereur n'avait à lutter contre des résistances dont le but est d'entraver le mouvement civilisateur qui s'accentue de plus en plus. Ce n'est pas nous, en France, qui aurions le droit de nous étonner de voir le chef d'un grand empire rencontrer des obstacles dans la réalisation de ses projets de réforme. Ce que nous devons désirer, c'est que le gouvernement japonais domine les factions hostiles à sa nouvelle politique, et qu'il reste maître de la situation. C'est à lui et non à nous qu'il appartient d'apprécier l'heure où le pays pourra recevoir sans secousse les libertés dont nous serions heureux de voir hâter la réalisation.

On s'est plaint, nous le savons, de la mollesse de notre diplomatie, en présence de faits de persécution dont des indigènes ont été victimes, sans tenir aucun compté des limites dans lesquelles peut s'exercer son action. Nos rapports avec le Japon ne sont cependant pas de si vieille date qu'on ne puisse remonter à leur origine.

Le baron Gros, après avoir signé, le 27 juin, le traité de Tien-Tsin, se rendit à Yeddo, où il conclut avec six plénipotentiaires japonais le *traité de paix, d'amitié et de commerce* qui porte la date du 9 octobre 1858.

L'article 4 de ce traité déclare :

« Les Français exerceront librement leur religion, cons-
« truiront des églises, des chapelles, cimetières, dans leurs
« *concessions.*

« Les pratiques injurieuses au christianisme sont abo-
« lies. »

C'était un premier progrès, un événement considérable, qui laissait entrevoir de nouveaux avantages. Tout ne pouvait pas être demandé à la fois. Les esprits clairvoyants se rendirent parfaitement compte des conséquences que devait avoir, dans un temps plus ou moins rapproché, le principe posé dans cet article du traité. Après une expérience de quinze ans les événements leur donnent raison.

Des politiques à courte vue se sont imaginés que le baron Gros aurait dû exiger davantage, et surtout ne pas oublier de glisser dans le traité une clause stipulant la liberté religieuse au profit des indigènes. Mais on ne glisse pas dans un traité tout ce que l'on désire, surtout quand on négocie avec six plénipotentiaires japonais. On ignore ce qui a pu se passer dans les conférences diplomatiques qui ont abouti à la conclusion de ce traité. Il est possible que M. le baron Gros, représentant de la France, ait fait des propositions ou qu'il ait cru prudent de ne pas insister sur ce qui n'aurait certainement pas été accordé il y a quinze ans. Quand on relit l'histoire des Missions catholiques au Japon, les souffrances de nos martyrs, les pratiques injurieuses au christianisme exigées de tout Européen qui pénétrait dans le pays, il est bien permis de considérer comme de grandes et précieuses conquêtes pour le christianisme, les stipulations du traité de Yeddo, qui garantit aux Français le libre exercice de leur religion.

D'ailleurs, la protection dont les traités couvrent les Européens et leur culte commence à s'étendre aussi aux indigènes, et voici un fait tout récent dont nous pouvons garantir l'exactitude.

Des Japonais, faisant profession de christianisme, furent arrêtés et emprisonnés. Les représentants des puissances étrangères se réunirent, et, après avoir délibéré sur la conduite à tenir, résolurent de protester contre ce fait odieux, en adressant leur plainte à l'autorité. Ils reçurent, sans aucun retard, pour réponse l'ordre de la mise en liberté des prisonniers, qui furent renvoyés chez eux sans être autrement inquiétés. Un fonctionnaire avait cru devoir faire du zèle.

Ce fait est le plus récent des actes de persécution que l'on raconte. On espère que ce sera le dernier, car le dénouement de cette affaire témoigne des dispositions nouvelles du gouvernement japonais. Les représentants des puissances en ont témoigné leur reconnaissance, et, à leur tour, ils ont reçu l'expression de la gratitude du vénérable évêque qui exerce dans ces contrées l'autorité religieuse. Le gouvernement japonais aurait cependant pu, dans cette circonstance, en appeler aux traités signés avec les représentants de l'Europe et de l'Amérique ; il pouvait invoquer les engagements contractés qui limitent aux étrangers, dans les localités désignées pour leur résidence, le libre exercice du culte chrétien. L'esprit de tolérance l'a emporté sur le texte des traités. Ainsi la diplomatie n'aura pas de grands efforts à faire ni de grandes précautions à prendre pour assurer, dans un nouveau traité, la liberté des indigènes japonais. Cette liberté leur sera portée par le souffle qui entraîne le Japon dans la voie de la civilisation, et au lieu de la devoir à des stipulations diplomatiques imposées par l'étranger, elle leur sera octroyée par leur propre gouvernement, circonstance qui rendra cette liberté plus précieuse et plus sûre.

Le mouvement imprimé au Japon inspire dans l'Europe entière les plus vives sympathies. On sait que l'Empereur tient à honneur de répondre dignement à tout ce qu'on attend de lui. Le présent est si radieux d'espérances, qu'il fait oublier le passé. Oui, le présent désarme la critique qui pourrait s'exercer avec raison sur les actes antérieurs du gouvernement japonais vis-à-vis de ses sujets chrétiens, bien dignes des larmes que nous répandons sur le sort de ces généreux confesseurs de notre foi.

III

S'il est permis de saluer comme un événement du plus heureux augure la présence d'une ambassade japonaise, il est néanmoins difficile de se défendre d'un sentiment pénible en songeant au spectacle que l'état actuel de l'Europe offre à ces étrangers. Les dissensions dont les nations européennes sont attristées, les luttes de gouvernements aveugles contre les institutions qui sont la base la plus solide des États, présentent un ensemble de faits de nature à frapper l'imagination d'investigateurs venus de si loin pour s'instruire. Ils trouvent la France à peine sortie de ses désastres, quand elle ne leur était connue que par ses triomphes et l'éclat de sa puissance. La grande nation doit paraître bien amoindrie à qui la voit à la reherche d'un gouvernement si difficile à retrouver. Les ruines que notre capitale offre aux regards étonnés de ces étrangers leur disent avec éloquence où en arrive un peuple, quelque grand qu'il ait été, quand il a été perverti par une éducation mauvaise, une éducation sans Dieu, comme disent les Anglais.

Si les représentants du Japon veulent étudier l'Europe pour entrer dans le courant de la civilisation, ils sauront discerner avec la sagacité qui les distingue cette civilisation qui, après avoir fait la France et les nations européennes ce qu'elles ont été, les mena à l'apogée de la gloire. Mais ils se garderont des empiriques du jour, des prôneurs de nouveautés dangereuses qui ont semé d'une extrémité à l'autre de l'Europe les germes de désordre et de révolutions qui ébranlent ou renversent les gouvernements.

Les pérégrinations des messagers du Japon ont commencé par l'Angleterre, et on nous assure que leur imagination a été vivement frappée par la marche si régulière des grandes institutions de ce pays. L'Angleterre, en effet, a échappé aux secousses sociales qui ont bouleversé l'Europe. Après avoir poussé plus avant leurs investigations vers le centre et le midi de l'Europe, les Japonais reviendront peut-être à leur point de départ. Plaise à Dieu que le navrant spectacle de nations livrées à l'anarchie leur fasse choisir pour modèle un peuple qui sait allier à la pratique des libertés publiques l'observation de ses devoirs envers Dieu, la famille et la société (1).

En attendant que la France redevienne elle-même, nous croyons, sans manquer de patriotisme, pouvoir proposer l'Angleterre comme le pays qui offre les plus précieux rudiments de sages institutions à ceux qui cherchent à organiser leur civilisation sur le modèle des nations occidentales.

(1) Londres a été choisi comme centre de leurs relations en Europe. Un journal japonais vient de paraître dans cette capitale sous le titre imposant de *Tai sei shimbun,* ce qui signifie *Grandes nouvelles d'Occident.* Il est rédigé par un Japonais avec le concours du professeur Summers, de King's college. Le prospectus nous apprend que le journal est fondé pour servir d'intermédiaire entre les Japonais qui parcourent en ce moment l'Europe et leurs compatriotes désireux de connaître tout ce qu'ils peuvent apprendre des nations étrangères. Les Japonais sortis de leur pays pour étudier nos mœurs, nos institutions, nos industries, nos arts, s'élèvent à plus de sept cents. Le journal japonais annonce qu'il se propose d'étudier les nations européennes sous leur aspect politique, moral et religieux. Les *Grandes nouvelles d'Occident* sont expédiées à Nagasaki, à Osacca, à Yokohama et à Yeddo, grandes villes de l'Empire.

En attendant l'arrivée des informations qui seront données par la feuille de Londres, les indigènes ne veulent pas rester en arrière. La publication de journaux est au Japon la manie du moment. Une lettre particulière nous dit : « En moins de quelques mois, nous avons vu paraître une « nuée de feuilles japonaises, et entre autres la *Gazette,* qui paraît être le « journal-officiel, destiné, dit-on, à éclairer tous les esprits. On compte « sur les journaux pour changer la face du pays. Les illusions vont si « loin que le gouverneur de la ville de Niogata a publié un arrêté pour « imposer la lecture de la *Gazette* à tous les condamnés qui se trouvent « en prison, acte qui lui a conquis aussitôt la réputation d'ami des lu- « mières. »

IV

Post-Scriptum. — La plus grande partie de ce travail, publiée dans le journal *le Monde*, a soulevé de très-vives contradictions basées sur une habile confusion de deux choses que nous avons cependant très-nettement distinguées : la position des Européens et celle des indigènes.

On nous répond par des insinuations malveillantes et injurieuses ; mais aucun des renseignements qui justifient nos appréciations n'est contesté, aucune de nos espérances n'est ébranlée par la production de faits contraires à ceux dont nous garantissons l'exactitude. Nous pouvons même ajouter que des lettres de Yokohama en date des 5 et 6 janvier 1873 confirment et fortifient les informations de novembre 1872 : la sécurité des missions est parfaite ; les œuvres catholiques progressent ; le bon vouloir du gouvernement japonais ne se dément pas. Ainsi, après la concession de terrain faite à Yokohama, il vient d'autoriser des religieuses à s'installer à Yeddo où il consent à faire une nouvelle concession pour faciliter leur établissement. On témoigne partout aux sœurs venues de France la vénération la plus profonde, et les familles japonaises paraissent heureuses de leur confier leurs enfants. Ce sont là des faits d'une authenticité incontestable, bien capables d'irriter les prêtres de Bouddha ; mais dont nos contradicteurs, qui sont chrétiens sans doute, auraient dû se réjouir avec nous.

Nous avons aussi commis la faute impardonnable, paraît-il, de rendre justice aux représentants de la France, en exposant dans quelles limites le traité de 1858 leur permettait d'exercer leur action en ce qui regarde les chrétiens indigènes. Nous avons eu surtout l'incroyable témérité de nous associer aux espérances exprimées par le vicaire apostolique du Japon, en expliquant que l'élan imprimé au pays par le mouvement de réforme qui s'accomplit permet de soutenir l'opinion que l'émancipation des indigènes viendrait de l'initiative du gouvernement japonais. Nous persistons dans cette opinion. Malgré la violence des contradictions soulevées contre notre travail, nos convictions sur la politique à suivre vis-à-vis du Japon ont été partagées, en Belgique, par le doyen des journaux catholiques, le *Journal de Bruxelles*, et à Paris, par une feuille qui, dès son début, s'est placée aux premiers rangs de la presse, l'*Assemblée nationale*.

Si nos contradicteurs avaient eu des faits à produire et de bonnes raisons à donner, ils n'auraient pas manqué de le faire. Les insinuations perfides et les outrages ont le tort de ne rien prouver et de couvrir toujours un aveu d'impuissance.

Ceux qui se sont associés à nos espérances étaient certes loin de s'attendre à ce que quelques jours seulement nous séparaient du grand acte qui devait réaliser toutes nos prévisions. Ces pages, écrites dans le courant de février, étaient encore sous presse quand une dépêche du Japon nous apprend que cet empire vient d'obtenir la liberté religieuse la plus complète et que cet événement s'est accompli, comme nous l'exposons plus haut, par l'initiative de l'empereur. Le gouvernement français nous annonce cette grande nouvelle dans les lignes suivantes du *Journal officiel* :

« Le Gouvernement a reçu du chargé d'affaires de France
« au Japon une dépêche télégraphique datée de Yokohama,
« 24 février, Hong-Khong, 4 mars, annonçant que le gouver-
« nement du Japon vient d'abroger les édits contre la
« religion chrétienne, et qu'il va faire procéder à la mise en
« liberté des chrétiens atteints en 1870 par les rigueurs de ces
« édits. »

Ainsi nos espérances sont justifiées et dépassées! Louanges en soient rendues à Dieu qui nous révèle par cet acte mémorable ses desseins de miséricorde. Honneur à l'empereur qui justifie si complétement la confiance de l'Europe chrétienne et au gouvernement dont les dignes représentants, par leur concours à ce grand acte, ont si dignement compris la mission de la France dans l'extrême Orient.

Nous avons écrit sans autre préoccupation que de servir la cause de la vérité et les intérêts de l'Église. Il nous reste à remercier Dieu de nous avoir donné la plus belle satisfaction qui pût nous être accordée contre nos contradicteurs.

Abbeville. — Imprimerie Briez, C. Paillart et Retaux.

9 782013 412964